Finanzielle Freiheit mit Dividendenaktien

Von entspannten, passiven Einkommen, bequemen reich Werden und einfachen Vermögensaufbau mit Aktien & Dividenden

1. Auflage

ISBN-13: 978-1721721283

ISBN-10: 1721721282

Haftungsausschluss

Der Inhalt dieses Buchs wurde mit großer Sorgfalt geprüft und erstellt. Für die Vollständigkeit, Richtigkeit und Aktualität kann jedoch keine Garantie und Gewähr übernommen werden. Die Inhalte dieses Buchs repräsentieren die persönliche Erfahrung und Meinung des Autors und dient nur dem Unterhaltungszweck. Der Inhalt stellt keine Finanzberatung dar und sollte auch nicht damit verwechselt werden. Es wird keine juristische Verantwortung oder Haftung für Schäden übernommen, die durch konterproduktive Ausübung oder durch Fehler des Lesers entstehen. Es kann auch keine Garantie für Erfolg übernommen werden. Der Autor übernimmt dadurch auch keine Verantwortung bei Nicht-Erreichen der im Buch beschriebenen Ziele. Dieses Buch enthält Links zu anderen Webeseiten. Auf den Inhalt dieser Webseiten haben wir keinen Einfluss. Deshalb kann auf diesen Inhalt auch keine Gewähr übernommen werden. Die verlinkten Seiten wurden zum Zeitpunkt der Verlinkung auf mögliche Rechtsverstöße überprüft. Für die Inhalte der verlinkten Seiten ist aber der jeweilige Anbieter oder Betreiber der Seiten verantwortlich. Rechtswidrige Inhalte konnten zum Zeitpunkt der Verlinkung nicht festgestellt werden.

Inhalt

Einleitung & Vorwort

Natürlich kann man nicht nur mit Dividendendaktien finanzielle Freiheit erreichen, sondern mit Aktien allgemein. In diesem Buch soll das aber um den besonderen Vorteil von Dividendenaktien gehen, nämlich dass sie richtig eingesetzt finanzielle Freiheit durch ein passives Einkommen bringen können.

Dieses Buch soll nun aufzeigen, wie man die richtigen Aktien auswählt, in die man investiert und wie man damit finanzielle Freiheit erlangt.

Eines aber gleich vorne weg: Schnell reich wird man damit nicht, das aber deutlich entspannter und mit Verhältnis wenig Arbeit! Sogar so wenig Arbeit, dass ein entspanntes, passives Einkommen mit dieser Methode möglich ist! Wer glaubt "über Nacht" reich werden zu können, dem rate ich lieber dazu, Lotto zu spielen, allerdings ist die Wahrscheinlichkeit mit den Wegen aus diesem Buch gleich um ein Millionenfaches höher!

Die Grundlagen

"Tue solange, was du musst, bis du tun kannst, was du willst"

Um in Aktien zu investieren, benötigt es zwingend ein gewisses Startkapital. Da Sie als Leser dieses Buches wahrscheinlich als Hintergrund aus der Berufstätigkeit kommen, sei es in einem Angestelltenverhältnis oder auch aus der Selbstständigkeit, werden Sie wahrscheinlich schon ein gewisses Starkapital mitbringen. Sollten sie noch Schüler, Student oder gar arbeitslos sein, verweise ich auf die Boni, die ich jedem Leser am Ende dieses Buches mitgeben möchte.

Die Boni sind dazu da, sich erst einmal eine gewisse Grundlage an Startkapital aufzubauen, die man nutzen kann, um es zu vermehren, anzulegen und für sich arbeiten zu lassen.

Den Grundgedanken dazu beschreibt das Zitat am Anfang dieses Kapitels recht gut!

Allem voran fängt man damit an, Geld zu verdienen. Mit diesem Geld haushaltet man gut, maximiert seine Einnahmen und miniert seine Ausgaben so, dass man Monat für Monat einen Teil beiseitelegen kann. *Hinweis: In den Boni am Ende des Buches finden Sie Zugang zu nützlichen Spartipps, wie man seine Ausgaben optimiert und auf ein Minimales einschränkt!*

Nun beachtet man noch, dass man im Optimalfall einen Sicherheitspuffer anlegt. Dabei handelt es sich um Geld, das ca. drei Mal so hoch ist, wie die Fixkosten, die man Monat für Monat hat, um auf unerwartete Ausgaben flexibel reagieren zu können.

Geld, das nun übrig bleibt, legt man an, in unserem Fall, worum es in diesem Buch geht, in Dividendenaktien!

Doch was ist eigentlich eine Dividende?

Die Dividende ist eine direkte Beteiligung des Aktionärs am Gewinn eines Unternehmens. Während der Aktienkurs mehr oder weniger die finanzielle Entwicklung eines Unternehmens widerspiegelt und der Aktionär durch Kurssteigerungen indirekt am Gewinn eines Unternehmens partizipiert, ist die Dividende eine absolute Zahlung eines vom Vorstand des Unternehmens festgelegte, auf der

Hauptversammlung bestätigte Geldmenge, die direkt aus dem erwirtschafteten Gewinn des Unternehmens stammt.
Ein Aktionär erhält diese Zahlung direkt auf sein Konto ausgezahlt, ohne auch nur eine Aktie verkaufen zu müssen, nur dadurch, dass er Aktien dieses Unternehmens besitzt.

Das ist der große Vorteil von Dividendenaktien und sorgt ganz nebenbei für ein passives Einkommen.
Zum Vergleich: Wenn man ohne Berücksichtigung der Dividendenstrategie mit Aktien die finanzielle Freiheit erlangen möchte, muss man aktiven Handel betreiben durch Kaufen und Verkaufen von Aktien (=aktives Einkommen).

Die Strategie hinter den Dividendenaktien dagegen beruht dagegen zum Teil auf die "buy & hold" Strategie (zu Deutsch: *"kaufen & behalten"*).

Die Dividendenrendite ist nun der prozentuale Anteil des absolut pro Aktie gezahlten Geldes zum Aktienkurs. Heißt, wenn ein Unternehmen einen Euro pro Aktie an Dividende ausschüttet und man die Aktie bei einem Kurs von 100 € gekauft hat, entspricht in diesem Fall die Dividendenrendite 1 % (= 1 € Zahlung pro Aktie pro 100 € investiertem Kapital pro Aktie)

Worauf man achten muss & welche Unternehmen/Investitionsmöglichkeiten es gibt

Ziel ist es nun, für diese Strategie Unternehmen ausfindig zu machen, die eine **überdurchschnittliche Dividende** zahlen. Da das aber auch oft mit mehr Risiko einhergeht, gibt es bestimmte Dinge, die man beachten muss!

- Der Kursverlauf

Am Beispiel des Energieversorgers E.ON kann ich das gut veranschaulichen: E.ON "glänzt" auf den ersten Blick mit einer Dividendenrendite von (aktuell 2018) knapp 5 %. Schaut man sich aber den langfristigen Kursverlauf der E.ON Aktie an, sieht man einen seit 2007 herrschenden **Abwärtstrend**. Das mag für **Antizykliker** vielleicht attraktiv sein, aber man kann nie genau wissen, wie weit der Kurs noch fällt, solange dieser Trend nicht durchbrochen wird. Man sollte nie in das fallende Messer greifen! Man hätte also mit einer Anlage in E.ON Aktien pro Jahr vielleicht 5 % Dividende erhalten, aber seit 2007 **80 % des angelegten Geldes verloren!**

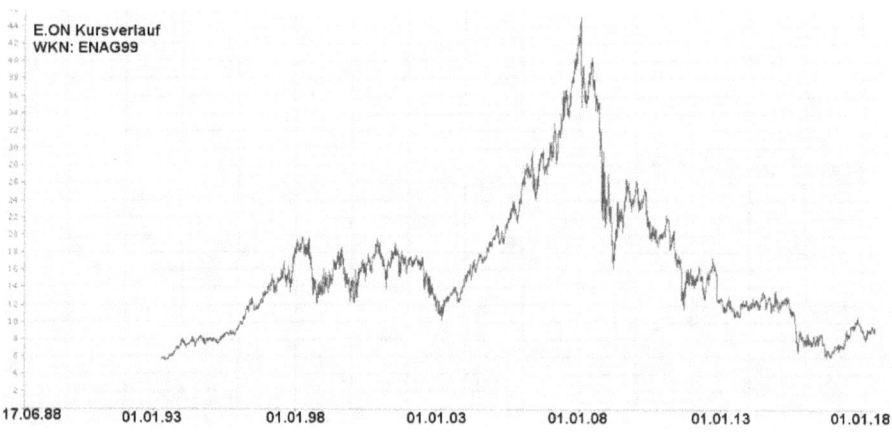

- Die Dividendenhistorie

Was nützt auch z.B. ein Unternehmen, das im vergangenen Jahr mit einer Dividendenrendite von vielleicht 6 % geglänzt hat, wenn es in diesem Jahr, auf Grund von Übernahmen, schlechter laufenden Geschäften oder wer weiß was, nur auf eine Dividendenzahlung von 1% kommt oder sogar ganz streicht!

Die Könige – Die konservativen, soliden Dividendenzahler

Die besten Unternehmen sind diejenigen, die Jahr für Jahr mit einer zumindest stabilen Dividendenzahlung punkten, noch besser sogar kontinuierlich erhöhen - sog. **"Dividendenaristokraten"!** Zum Überprüfen der Dividendenhistorie kann ich Ihnen die Seite www.ariva.de empfehlen! Geben Sie hier entweder Name, WKN oder ISIN eines Unternehmens ein, gehen Sie auf „Kurse" und anschließend auf „Historische Ereignisse". Dort finden sie die Dividendenzahlungen eines gesuchten Unternehmens mehrere Jahre im Rückblick.

Da solche Unternehmen entsprechend beliebt bei den Anlegern sind, glänzen viele solcher Unternehmen mit langfristig stetig steigenden Kursen noch umso mehr.
Beispiele für solche Dividendenaristokraten sind McDonald's (WKN: 856958) oder Coca-Cola (WKN: 850663), nah dran Fielmann (WKN: 577220) und Vodafone (WKN: A1XA83). Eine kleine Auswahl an den bekanntesten Dividendenaristokraten finden Sie weiter unten! Darunter Unternehmen die hinter bekannten Marken wie Listerine, O.B., Bebe (Johnson & Johnson), Always, BRAUN & Blend-a-med stehen (Procter & Gamble). Eine vollständige Tabelle mit über 50 Unternehmen gebe ich Ihnen in den Boni am Ende des Buches zum Herunterladen mit!

Die Dividendenrenditen von diesen Dividendenaristokraten sind auf dem ersten Blick nun zwar erst einmal gar nicht so hoch (McDonalds 2 – 3 %, Coca-Cola >3%), da aber die angegebene Dividendenrendite, die Quotienten in Prozent aus dem (aktuellen) Kurs durch die absolut gezahlte Dividende (die exakten Euro Beträge) geteilt ist, wirkt die Dividendenrendite, durch die steigenden Kurse kleiner (der gegenteilige Effekt, wie bei den Aktien wie E.ON)! Heißt, wenn man in solche Dividendenaristokraten investiert, bekommt man Jahr für Jahr eine etwas höhere Dividende ausgezahlt und dazu kommen die potentiellen Gewinne aus den Kurssteigerungen!

Der Vorteil von den meisten ausländischen Aktien wie McDonald's oder Coca Cola ist, dass diese Unternehmen nicht nur einmal pro Jahr zum Tag der Hauptversammlung zahlen, wie deutsche Unternehmen, sondern gleich quartalsweise = 4-Mal im Jahr!

Weitere Beispiele bekannter Dividendenaristokraten – vollständige Tabelle in den Boni!

WKN	ISIN	Name	Div. Rendite	Erhöhung seit
853260	US4781601046	Johnson & Johnson	2,87 %	1963
852062	US7427181091	Procter & Gamble	3,61 %	1957
851995	US7134481081	PepsiCo Inc.	3,50 %	1973
881720	US0298991011	American States Water	1,85 %	1955

Für denjenigen, der mit möglichst wenig Aufwand sein Geld mit Aktien vermehren will, empfiehlt sich die sog. „buy & hold" Strategie, was nichts anderes heißt, als „kaufen und behalten".

Dafür sucht man sich grundsolide Unternehmen aus, mit krisensicheren Geschäftsmodellen, die wahrscheinlich nie auch nur an den Rand eines Konkurses kommen werden. Solche Unternehmen glänzen nicht selten mit äußerst stabilen Kursen, bei denen es, wenn sie tatsächlich mal „schlechte Zeiten" haben, nur eine Frage der Zeit ist, bis sie alte/neue Hochs erreichen!

Viele dieser Unternehmen gehören auch zu den Dividendenaristokraten, deswegen eigenen sie sich auch, wie die Dividendenaristokraten, perfekt für die grundsolide buy & hold Strategie!

Typische Geschäftsfelder solcher Unternehmen mit grundsoliden Geschäftsmodellen sind Nahrungsmittelproduzenten oder Verbrauchsgüterhersteller.

Dazu gehören Nestlé (WKN: A0Q4DC), Procter & Gamble (WKN: 852062), McDonald's (WKN: 856958), Coca-Cola (WKN: 850663), Marine Harvest (WKN: 924848), Salmar (WKN: A0MR2G), Diageo (WKN: 851247), Yum! Brands (WKN: 909190), Pepsico (WKN: 851995), Mondelez (WKN: A1J4U0), American States Water (WKN: 881720), Reckitt Benckiser (WKN: A0M1W6), Becton Dickinson (WKN: 857675).

Schauen wir uns das einmal exemplarisch an dem Beispiel Nestlé an:

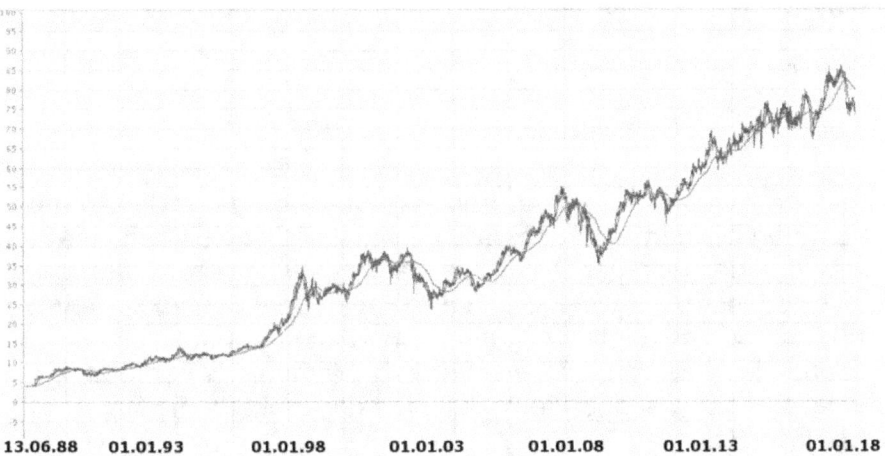

| 13.06.88 | 01.01.93 | 01.01.98 | 01.01.03 | 01.01.08 | 01.01.13 | 01.01.18 |

Wie Sie sehen ist Nestlé in einem seit über 30 Jahren bestehenden, übergeordneten Aufwärtstrend. Selbst nach der Finanzkrise 2007 hat Nestlé „nur" um ca. 30 % korrigiert und es hat keine drei Jahre gedauert, da war Nestlé wieder auf alten Hochs wie vor der Finanzkrise. Solche Kurse kann man generell bei solchen Unternehmen feststellen.

Dazu kommt die deutliche Steigerung der Dividende:

Datum	Ereignis	Betrag
16.04.18	Dividende	1,98 EUR
10.04.17	Dividende	2,15 EUR
11.04.16	Dividende	2,07 EUR
20.04.15	Dividende	2,14 EUR
14.04.14	Dividende	1,77 EUR
15.04.13	Dividende	1,69 EUR
23.04.12	Dividende	1,62 EUR

18.04.11	Dividende	1,44 EUR
19.04.10	Dividende	1,12 EUR
29.04.09	Dividende	0,93 EUR
16.04.08	Dividende	0,77 EUR

So gibt es zwar keine ununterbrochene Steigerung der Dividende, wie bei den Dividendenaristokraten, tatsächlich gab es auch mal Jahre, in denen weniger Dividende als im Vorjahr gezahlt wurde, doch sind dieses nur wenige und dazu noch unbedeutende Jahre! Denn über den gezeigten Zeitraum von 10 Jahren hat sich die Dividende je Aktie von 0,77 € auf knapp 2 € mehr als verdoppelt und das bei stetig steigendem Aktienkurs! Perfekt für die Buy & Hold Strategie!

Welche Branchen zahlen die meiste Dividende?

Während die Dividendenrenditen der meisten Dividendenaristokraten bei 2 - 4 % liegen, gibt es Branchen, die da schon spendabler sind.

Dazu zählen Telekommunikationsunternehmen, Versicherer, Olförderer, Energieversorger & Tabakkonzerne. Beispiele dazu sind Folgende:

Beispiele Telekommunikationsunternehmen

WKN	ISIN	Name	Div. Rendite*
555750	DE0005557508	Deutsche Telekom	5,29 %
A1XA83	GB00BH4HKS 39	Vodafone	6,76 %
A1J5RX	DE000A1J5RX 9	Telefonica Deutschland (O2)	7,42 %
A0HL9Z	US00206R1023	AT&T	6,19 %
868402	US92343V1044	Verizon Communications	5,00 %
906849	FR0000133308	Orange	4,73 %
916234	CH0008742519	SWISSCOM	4,96 %
A2DN8Y	US91822M1062	Veon	12,34 %

Beispiele Versicherer

WKN	ISIN	Name	Div. Rendite*
579919	CH0011075394	Zurich Insurance Group	6,45 %
850312	IT0000062072	Assicurazioni Generali	6,35 %
855705	FR0000120628	AXA	6,05 %
A1H81M	CH0126881561	Swiss Re	5,98 %
843002	DE0008430026	Münchener Rück	5,09 %
840400	DE0008404005	Allianz	4,87 %
840221	DE0008402215	Hannover Rückversicherung	4,80 %

Beispiele Ölförderer

WKN	ISIN	Name	Div. Rendite*
A0D94M	GB00B03MLX29	Royal Dutch Shell A	5,33 %
850517	GB0007980591	BP	5,08 %
850727	FR0000120271	Total	4,83 %
852549	US30231G1022	Exxon Mobil	3,86 %
675213	NO0010096985	Equinor	3,45 %

Beispiele Energieversorger

WKN	ISIN	Name	Div. Rendite*
897791	IT0003132476	ENI	5,45 %
ENAG99	DE000ENAG999	E.ON	4,85 %
A2AADD	DE000A2AADD2	innogy SE	4,40 %
703712	DE0007037129	RWE	3,70 %

Beispiele Tabakkonzerne

WKN	ISIN	Name	Div. Rendite*
903000	GB0004544929	Imperial Brands	7,27 %
A0NDBJ	US7181721090	Philip Morris	5,50 %
916018	GB0002875804	British American Tobacco	5,59 %

* Stand Juni 2018

Die Joker – High Yield Dividendenaktien mit den üppigsten Zahlungen

Wer denkt, die 5 – 6 % Dividendenrendite, die man z.B. bei Versicherern, Ölfördern oder Telekommunikationsunternehmen bekommt, seien schon gut, sollte ein Auge auf sogenannte „High Yield" (engl. für *„hohe Rendite")* Dividendenaktien werfen.

Dazu zählen Firmen die man in BDCs (Business Development Companys), REITs (Real Estate Investment Trusts) und MLPs (Master Limited Partnerships) einordnet.

Dies sind Finanzdienstleister, die entweder in Immobilien (REITs) investiert sind, als Geldgeber für Start-Ups/kleine oder Mittelständische Unternehmen fungieren (BDCs) oder als börsengehandelte US-Firmen aus der Rohstoff- und Energiebranche gelten, die in erster Linie als Logistiker für die großen amerikanischen Öl-, Gas- und Kohleproduzenten tätig werden (MLPs). Erkennen kann man viele solcher Unternehmen, indem sie in ihren Namen sowas wie "Capital" für BDCs, "REIT" bzw. "Real Estate Investment Trust" oder nur "Investment" für REITs oder "LP" für MLPs tragen.

Nicht selten findet man unter diesen BDCs, REITs & MLPs Unternehmen, die mit Dividendenrenditen von 9, 10, 11 oder sogar 12 % Rendite glänzen.

Wie kommt das zustande?

BDCs, REITs & MLPs sind in den USA gesetzlich verpflichtet mindestens 90 % ihres Gewinns als Dividende auszuschütten. Das mag zwar gut für Dividendenjäger sein, lässt für die Unternehmen aber auch wenig Spielraum, um zu wachsen. Wenn mindestens 90 % des Konzerngewinns als Dividende ausgeschüttet werden müssen, bleiben nur noch 10 % zum Investieren und Wachsen.

MLPs bauen und betreiben dabei Pipelines, Lagertanks, Verladeterminals und Raffinerien, wofür die großen Energiemultis Gebühren für die Nutzung dieser Infrastruktur zahlen. Das Geschäftsmodell sichert den MLPs stabile und sichere Einnahmen -

Inflations- und Preisrisiken der Energieträger werden in der Regel vertraglich ausgeschlossen, was deren Geschäftsmodell und die Dividende so attraktiv macht.

Mit Aktien haben diese MLPs dennoch wenig gemein. Es handelt sich genau genommen um die Beteiligung an einer amerikanischen Kommanditgesellschaft auf Aktien.

Anleger gehen damit eine direkte unternehmerische Beteiligung mit allen Chancen und Risiken ein. Das Tagesgeschäft der Firma wickelt ein sogenannter General Partner ab. Die Anleger werden als "Limited Partner" eingestuft und haben als reine Kapitalgeber keinen Einfluss auf geschäftliche Entscheidungen. Sie kassieren üblicherweise vierteljährlich "distributions" - das sind die erzielten Überschüsse der Firma.

Steuerlich handelt es sich bei diesen Ausschüttungen für deutsche Investoren allerdings nicht um Dividenden, sondern um gewerbliche Einkünfte aus einer US-Beteiligung, die ausschließlich in den USA steuerpflichtig sind. Das hat für deutsche Direktanleger fatale Folgen: Die Depotbank zwackt von den üppigen Ausschüttungen 39,6 Prozent US-Quellensteuer ab.

BDCs leihen kleinen und mittelständischen Unternehmen Geld, die oft eine geringe Bonität aufweisen, und sich nur schwer über Anleihen oder anderen Wegen Geld leihen können. Das mag für die BDCs zwar gute Einnahmen versprechen, da die Zinssätze dieser Kredite recht hoch sind, birgt aber auch ein hohes Risiko.

Nach dem Anlageschwerpunkt unterscheidet man in den USA rechtlich drei Grundformen von REITs:

1) Equity-REITs, die überwiegend in Immobilien investieren;
2)Mortgage-REITs, die überwiegend in Immobilienkredite/Hyptheken investieren
3) Hybrid-REITs, die in beides investieren

Ein paar Beispiele für solche High Yield Dividendenaktien, möchte ich Ihnen hier geben, eine ausführliche Liste in den Boni am Ende dieses Buches!

Beispiele BDCs

WKN	ISIN	Name	Div. Rendite*
A0DQY4	US04010L1035	Ares Capital	8,89 %
A0B746	US74348T1025	Prospect Capital	11,47 %
A2JG23	US69181V1070	Oxford Square Capital	11,16 %
A0ERTZ	US4270965084	Hercules Capital	10,05 %

Beispiele REITs

WKN	ISIN	Name	Div. Rendite*
A0YA4B	US03762U1051	Apollo Commercial Real Est.	9,77 %
A1JLMZ	US0012281053	AG Mortgage Investm.Trust	10,02 %
909823	US0357104092	Annaly Capital Management	11,39 %
A14Q9D	US16934Q2084	Chimera Investment	10,75 %
A12DW2	US64828T2015	New Residential Investment	10,98 % (seit > 5 Jahren erhöht!)

Beispiele MLPs

WKN	ISIN	Name	Div. Rendite*
A1H9DR	MHY2745C1021	Golar LNG Partners LP	15,05 %
A0M1Z9	US4511001012	Icahn Enterprises L.P.	10,04 %
A1H9NM	US62913M1071	NGL Energy Partners LP	12,95 %

Beispiele Sonstige High Yield Dividendenaktien

WKN	ISIN	Name	Branche	Div. Rendite*
929286	US7812701032	Rudolph Technologies	Elektro-technik	9,30 %
A1J5XD	CA5054401073	Labrador Iron Ore Royalty	Rohstoffe/Erz-förderung	7,40 %
A1JEML	GB00B5LJSC86	Awilco Drilling	Bohrinsel-betreiber	7,90 %

* Stand Juni 2018

Um im weiteren Verlauf dann tatsächlich eine Auswahl an solche Unternehmen zu treffen, in die Sie investieren möchten, gebe ich ihnen in den nächsten Kapiteln dieses Buch alles mit, was Sie dafür benötigen, darunter auch eine ausführliche Liste mit einigen Unternehmen dieser Arten (siehe Boni)!

Da solche Unternehmen meist ein hohes Risiko aufgrund ihrer Geschäftsmodelle besitzen, muss man hier schon genau darauf achten, welche Unternehmen dieser REITs, BDCs & MLPs ein stabile Dividendenhistorie und (damit verbunden), zumindest auch einen stabilen Kursverlauf vorweisen können. Denn wie anfangs dieses Kapitels bereits erwähnt: Was nützt eine aktuelle Dividendenrendite von 12 %, wenn der Kurs in den vergangenen Jahren um 50 % oder mehr nachgegeben hat!

Woher weiß ich, ob ein Investment in eine (High Yield) Dividendenaktie gut ist?

Ein wichtiger Anhaltspunkt hierbei ist neben dem historischen Kursverlauf und der Dividendenhistorie (wie bereits erwähnt), der Gewinn, den das Unternehmen Jahr für Jahr erwirtschaftet bzw. noch besser, das Vermögen, das dem Unternehmen davon zur freien Verfügung bleibt, nämlich dem **Cash Flow**, da die Dividenden genau davon bezahlt werden sollten.

Wenn ein Unternehmen sich dessen üppige Dividende vielleicht aus den eigenen liquiden Mitteln gar nicht leisten kann, sondern nur aus geliehenem Geld bezahlt, ist ein zukünftiges Aufrechterhalten der Dividende nämlich in Gefahr.

Deswegen sollte man vor jeder Überlegung in ein neues Investment schauen, wie sich der Cash Flow eines Unternehmens entwickelt und ob die Dividendenzahlungen damit locker möglich sind.

Solche **"fundamentalen Kennzahlen"** wie den Cashflow eines Unternehmens kann man sich auf der Seite www.onvista.de anschauen. Dazu sucht man einfach das Unternehmen nach Name, WKN oder ISIN bei www.onvista.de, geht in dem Menü oberhalb des Kursverlaufs auf *"Kennzahlen"* und dort auf *"fundamental"*. Hier bekommt man eine Übersicht auf die Gewinnentwicklung der Unternehmen pro Aktie, die Dividendenentwicklung pro Aktie und den Cash Flow pro Aktie.

Zudem sollte man vor jedem Investment die Nachrichtenlage zu den Unternehmen überprüfen, die potentielle Investments darstellen. Dazu bieten sich Seiten, wie z.B. www.finanzen.net an. Gibt man dort nämlich sein gesuchtes Unternehmen ein, findet man hier nicht nur Kurs- & Dividendenverlauf, sondern auch noch Unternehmensnachrichten oder außerdem sehr wertvoll Forenbeiträge, wo man sich Meinungen anderer Trader über diese Unternehmen einholen kann! Ist die Nachrichtenlage kritisch durch Gewinnwarnungen, schlechte Aussichten, die die Unternehmensführung gibt oder der Gesamtmarktentwicklung, kann es das Chartbild und damit den Kursverlauf negativ beeinflussen. Es könnten Verkaufssignale entstehen, die einen zum Ausstieg aus einer bestimmten Aktie zwingen können. Umgekehrt kann eine positive Nachrichtenlage, wie ein Gewinnsprung, die Ankündigung einer Dividendenerhöhung, etc. den Kurs einen extra Schub verleihen und Kaufsignale entstehen lassen.

Ein wichtiger Punkt, dem ich jedem Leser dieses eBooks kostenlos mitgebe, sind die Boni ganz am Ende dieses Buches. Dort finden Sie den Zugang zu meinem Blog und Social Media Seiten, in denen ich regelmäßig über meine aktuellen Investments und Trading Ideen berichte, sodass man fast in Echtzeit, meine Handlungen nachvollziehen und gegebenenfalls nachahmen kann! Ein Muss für jeden, für den das manuelle Herauspicken der wertvollsten Aktien zu viel Aufwand ist!

Eine ausführliche Liste an High Yield Dividendenaktien und Aktien jeder in diesem Buch erwähnten Klassen gebe ich Ihnen ebenfalls in den Boni mit!

Was muss ich steuerlich beachten?

Hier gibt es zwei besondere Dinge zu nennen.
Erstens die Abgeltungsteuer, die der deutsche Staat auf Einkünfte auf Kapitalerträge (Dividenden, Zinsen, Spekulationsgewinne) erhebt. Hat man sich also ein stolzes Sümmchen an Dividendenzahlungen pro Jahr "erarbeitet", muss man wie bei einem "gewöhnlichen Einkommen" Steuern zahlen. Allerdings fallen diese mit nur 25 % (plus eventuell anfallender Kirchensteuer) im Vergleich zur Einkommenssteuer verhältnismäßig gering aus und wenn ich ein Konto bei einer deutschen Depotbank habe, muss ich mich dazu um nichts weiter kümmern, da bereits die Depotbank, all Ihre Einkünfte aus Kapitalerträgen im Auge hat und gegebenenfalls die zu zahlende Steuer bereits einbehält oder auch Verluste gegenrechnet.

Dazu kommt, dass man bei der Abgeltungsteuer einen Freibetrag von 801 € hat, die man sich steuerfrei pro Jahr mit Kapitalerträgen dazu verdienen kann.

Der zweite Punkt, den man bei seiner Auswahl an Aktien berücksichtigen muss, ist neben der deutschen Abgeltungsteuer, die ausländische Quellensteuer, die das Heimatland, in dem das Dividende zahlende Unternehmen seinen Hauptsitz hat, von jeder Dividendenzahlung einbehält.

Bei den USA sind das z.B. stolze 30 %, die von jeder Dividendenzahlung abgehen.

Allerdings kann man sich die von den Ländern einbehaltene Quellensteuer zum Teil wieder zurück holen, da der deutsche Staat mit einigen Ländern ein Doppelbesteuerungsabkommen vereinbart hat.

Dazu gibt man einfach ein für das Land passendes Formular ausgefüllt entweder seiner Depotbank, die sich um alles kümmert oder an die zuständige Behörde des jeweiligen Landes.
Die Formulare, die man für jedes Land entsprechend ausfüllen und abgeben muss, findet man auf der Seite des Bundesamts für Steuern (Klicke hier!) oder (auf Nachfrage) bei seiner Depotbank.
Zu entsprechenden Seiten gelangt man auch wenn man z.B. nach "Quellensteuer Kanada Formular" bei Google sucht.

Eine Übersicht über die Höhe der Quellensteuer, die ein Land erhebt und welchen Teil man sich davon zurück holen kann, finden Sie in der folgenden Tabelle:

Quellensteuer und Anrechnung verschiedener Länder:

Land	Quellensteuer	Anrechnung
USA	30%	15%
Japan	7-15%	15%
Niederlande	15%	15%
Luxemburg	0-15%	15%
Spanien	0-21%	0%
Portugal	0-28%	15%
China	5-20%	10%
Russland	15%	15%
Dänemark	15-27%	15%
Polen	19%	15%
Italien	20%	15%
Frankreich	21-30%	15%
Kanada	25%	15%
Österreich	27,50%	15%
Finnland	30%	15%
Schweden	30%	15%
Schweiz	35%	15%

Der langsamere Weg für Faule – oder auch als Ergänzung des Portfolios

Wer sein Risiko streuen will, setzt nie sein ganzen Kapital auf ein Pferd, sondern man teilt sein Vermögen auf mehrere Titel, die auch noch in unterschiedlichen Branchen tätig sind, auf! Das hat den Vorteil, dass, wenn eine Branche gerade vielleicht Konjunktur bedingt schwächelt, man nicht sein ganzes Geld in Gefahr bringt, in dem man sein gesamtes Geld z.B. in Autoaktien, also sowohl in Daimler, VW, BMW, Ford, General Motors, Toyota oder ähnliche gleichzeitig steckt, sondern sich aus jeder Branche, den besten Wert herauspickt. Die einzige Ausnahme die man hier machen kann, ist die Nahrungsmittelbranche. Da die Geschäftsmodell bedingt kaum konjunkturell anfällig ist, gegessen wird schließlich immer, kann man sowohl in Nestlé, McDonald's, Mondelez oder Yum! Brands investieren, ohne eine gemeinsame Schwäche gleich aller Werte zu riskieren. Selbst wenn alle diese Werte gleichzeitig schwächeln sollten, liegt das am Gesamtmarkt, sodass eh 90 % aller Aktien, egal welcher Branche, einen Gang rückwärts einlegen.

Um sein Depot aber dennoch aufzumischen, für Leute, die weniger Risiko lieben, dafür aber auch viel Tempo aus dem Vermögensaufbau heraus nehmen oder Leute, denen ein ständiges Marktbeobachten und mit häufigem Kaufen und Verkaufen zu viel ist, empfiehlt es sich, in Fonds & ETFs zu investieren.

Dazu muss man Folgendes beachten:

Fonds gibt es in zwei Kategorien, wovon eine für unsere Strategie am besten passt: Einmal thesaurierend und zum anderen ausschüttend.

Da ein Fond ein von "Profis" betreutes Depot einer Auswahl gleich mehrerer Aktien ist, in die jeder durch Erwerb dieses Fonds partizipieren kann, kann man sehr passiv einmal darin investieren und ab sofort den "Profis" den Wertaufbau dieses Depots überlassen.

Da wir als Dividendenjäger, aber nicht nur passiv handeln, sondern gleich auch noch regelmäßig passive Einkommen bekommen wollen, müssen wir auf die Kennung **"ausschüttend"** achten, die unter anderem einen Fonds (oder ETF) beschreiben. Wenn ein Fonds nämlich als ausschüttend bezeichnet ist, wirft dieser Fond regelmäßig, hauptsächlich einmal im Jahr, Geld ab, nämlich das Geld, das die Unternehmen in diesem Fonds selbst als Dividende ausschütten.

Im Gegensatz dazu heißt thesaurierend, dass alle Dividenden reinvestiert werden, was aber auch nicht "falsch" wäre, denn durch Reinvestition von Gewinnen kommt es nämlich gerne zu einer Gewinnmaximierung, nur hat man damit keine regelmäßigen Geldzahlungen, von denen man Leben könnte. Es ist also Ihnen überlassen, ob sie sich für einen ausschüttenden oder thesaurierenden Fonds entscheiden! Machen Sie das am besten von der Performance, also der bisherigen Entwicklung des Kursverlaufs des Fonds abhängig!

Generell für uns als Dividendenjäger, die auch noch ungeduldig sind, das Risiko lieben und damit auch von höheren Ausschüttungen (und Renditen) profitieren wollen, empfehle ich eine andere Strategie und "manuelles" Reinvestieren der Gewinne!

Beispiele Fonds & ETFs die ausschüttend sind

WKN	ISIN	Name	Art	Div. Rendite
A1JKS0	IE00B6YX5D40	SPDR S&P US Dividend Aristocrats UCITS ETF	ETF	2,5 %
A0M1PE	LU0321371998	SCHRODER ISF EUROPEAN DIVIDEND MAXIMISER EUR - A DIS	Fond	5,0 %
A1JG62	US73936Q7934	PowerShares KBW High Dividend Yield Financial Portfolio Fonds	ETF	8,0 %

Die Strategie im Detail

Wenn man sich nun eine Auswahl an Aktien vorgenommen hat, in die man investieren möchte, schlage ich folgende Strategie vor:

Man hat sein gewisses Grundeinkommen, zieht davon alle Fixkosten ab, behält jeden Monat einen Teil der Einkünfte als Sicherheitspuffer in bar zurück und das, was übrig bleibt, nutzt man, um es in Dividendenaktien zu investieren.

Wer möglichst viel Rendite ausgezahlt bekommen möchte, also bares Geld, das man nur durch das Besitzen der Aktien erhält, sollte jeden einzelnen Cent in seine favorisierte Auswahl an High Yield Dividendenaktien stecken. Dabei machen pro Kauf von Aktien eines Unternehmens mindestens 500 € am meisten Sinn - je mehr desto besser, da Gebühren optimiert!

Wenn man sich so seine ersten 10.000 € in High Yield Dividendenaktien investiert hat und man im Schnitt pro Jahr seine 10 % Dividendenrendite bekommt, was pro Jahr 1000 € entsprechen sollte, kann man allein von diesem Geld Jahr für Jahr eine neue Aktie kaufen, in diesem Fall aber von stabilen, soliden Dividendenaristokraten.

Das Geld, was von dem regelmäßigen Einkommen also abzüglich Ausgaben und Sicherheitspuffer übrig bleibt, sprich das Geld, das man zu Investieren nutzen kann, steckt man am Anfang in die besten High Yield Dividendenaktien. Erst, wenn man keine guten Chancen bei weiteren High Yield Dividendenaktien mehr sieht, steckt man das Geld, das man zum Investieren übrig hat, inklusive der Gewinne aus Dividendenzahlungen, in Dividendenaristokraten! Wie man sich eine passende Auswahl an Aktien zusammenstellt, die aktuell bei einer Investition gute Chancen bieten, möchte ich Ihnen im weiteren Verlauf dieses Kapitels mitgeben!

Der Vorteil davon soll sein, dass man durch den Anfang mit High Yield Dividendenaktien gleich zu Beginn regelmäßig möglichst viel Cash ausgezahlt bekommt, das man zum weiteren Vermehren durch Reinvestition nutzen kann.

Für die späteren Überschüsse, die man zum Investieren nutzen kann, bieten sich nun die Dividendenaristokraten an, da diese

Sicherheit bieten und mittels buy & hold, aufwandsoptimiert, quasi ewig lang behalten werden können und Jahr für Jahr mehr Dividende ausschütten. Geld das man nun nutzen kann, um davon zu leben – oder besser, weiter zu reinvestieren, denn eine gute Auswahl an Aktien gibt es zu genüge!

Wer etwas weniger Risiko favorisiert, bei langsamer wachsendem Einkommen, sollte die Strategie genau umdrehen.

Erst so viel Geld in Dividendenaristokraten stecken, bis man entweder auch hier durch die Dividendenzahlungen so viel Geld bekommt, dass man sich von seinen Überschüssen High Yield Dividendenaktien kaufen kann oder man keine guten Chancen von Dividendenaristokraten mehr findet, sodass man nun nur noch in High Yield Dividendenaktien investiert. Die besten Anlagesummen beginnen ab 500 € - je mehr desto besser, da Gebühren optimiert.

Dieses Reinvestieren der Gewinne kann man nun ewig weiter spielen. Allerdings sollte man bei Investments in High Yield Dividendenaktien die Kurse sowie die ausgeschütteten Dividenden regelmäßig überprüfen. Denn sollten Kursverluste drohen oder Dividenden gekürzt werden, muss man sich bei dem ein oder anderen Wert entscheiden, gegebenenfalls zu verkaufen und in eine andere Aktie, die mehr Chancen bietet, zu investieren.

Wieviel sollte ich mindestens in ein Unternehmen investieren?

Generell gilt, je mehr desto besser! Um eine konkrete Summe zu nennen: Alles unter 500 € macht für mich zum Investieren keinen Sinn, es sei denn man möchte in Fonds, ETFs oder Zertifikate/Wikifolios investieren. Bei Aktien aber, wie auch den Dividendenaktien, in denen es in diesem Buch geht, würde ich nicht unter 500 € investieren, denn bei den meisten Depotbanken zahlt man mindestens 10 € Gebühr jeweils für Kauf & Verkauf. Heißt, es gehen schon 20 € verloren, nur wenn man sich Aktien eines Unternehmens anschafft oder los wird. Bei 500 € eingesetztem Kaptal muss man so nur > 4 % im Plus sein, um einen Gewinn einzufahren.

Wenn man sich also eine High Yield Dividendenaktie zu 500 €
zulegt, von der man pro Jahr 10 % Dividende erhält und das
vielleicht auch noch quartalsweise, alle drei Monate ausgezahlt, hat
man bereits nach zwei Dividendenzahlungen die Gebühren wieder
drin. Man kann so also deutlich gelassener auf Kursschwankungen
reagieren und es fällt einem leichter, sich von einem Wert auch mal
nach kurzer Zeit zu trennen, wenn sich dieser nicht im Kursverlauf
optimal entwickelt, ohne größere Verluste einzufahren.

Generell gilt: Je höher das Risiko, desto weniger Geld sollte ich
investieren. Das heißt, in die konservativen, soliden
Dividendenaristokraten als Investment kann und sollte man mehr
Geld stecken, als man es bei High Yield Dividendenaktien machen
würde, die deutlich größeren Kursschwankungen und –Risiken
ausgesetzt sind.

Dazu teilt man sein zur Verfügung stehendes Kapital auf und setzt
nicht alles auf ein Pferd! Wenn man also z.B. gerade 2000 € zur
Verfügung hat, steckt man z.B. 1000 € in Vodafone (WKN: A1XA83)
und 1000 € in Icahn Enterprises (WKN: A0M1Z9), also zwei
komplett verschiedene Unternehmen unterschiedlicher Branche, um
das Risiko zu streuen. Setzt man dagegen die kompletten 2000 €
auf Icahn Enterprises, weil man hier die meiste Dividende bekommt,
hat man das Risiko, wenn Herr Icahn gerade ein Mischgeschick bei
seinen Investments passiert ist und er die Dividende seines
Unternehmens kürzt, bei Vodafone aber die Gewinne nur so
sprudeln, was sich auch im Kurs bemerkbar macht, dass einem die
Kurssteigerungen bei Vodafone entgehen, aber man Kursverluste
bei Icahn Enterprises in voller Höhe mit macht. Wenn man sein zur
Verfügung stehendes Kapital aufteilt, teilt man auch das Risiko auf
und minimiert es dadurch.

Wenn man sich aber regelmäßig Monat für Monat 1000 €
beiseitelegen kann, die man zum Investieren nutzen kann, ohne
dass das negative Auswirkungen auf den Sicherheitspuffer hat,
kann man sich aussuchen, ob man lieber 12 Aktien pro Jahr für je
1000 € kauft, 6 Aktien pro Jahr für je 2000 €, 4 Aktien pro Jahr für
jeweils 3000 € oder 2 Aktien für 3000 € und 3 Aktien zu je 2000 €,
gemäß dem Risiko aufgeteilt. Schauen Sie einfach, wieviele Aktien,
die sie gerade beobachten, dabei sind, Chancen auszubilden!

Gestreutes Risiko frisst aber auch Rendite. Heißt, wenn man zu viel streut, wenn man sein Kapital auf zu viele Werte verteilt, minimiert das nicht nur das Risiko sondern auch die Rendite! Hier gilt es, einen guten Mittelweg zu finden.

Ansonsten gilt: Je mehr Geld man zur Verfügung hat, desto mehr kann man auch in einzelne Titel investieren und das sollte man auch ruhig machen. Denn erstens sind größere Investmentsummen Gebühren optimierter und zweitens erhält man so größere Summen an Dividende ausgezahlt, die man schneller reinvestieren und man dadurch schneller Vermögen aufbauen kann. Die Investmentsumme legt man generell auch über das Risiko fest.

Deswegen sollte mindestens jeder, der mit Dividendenaktien finanziell frei werden will, seine Ausgaben auf ein Minimum reduzieren, um Monat für Monat so viel Geld wie möglich beiseitezulegen und in gute Dividendentitel anlegen zu können, die einem Jahr für Jahr mehr Geld bringen!

Das klingt natürlich erst einmal alles andere als schön, dass man anfangs so bescheiden wie möglich leben sollte, was das ganze Gegenteil von finanzieller Freiheit ist, aber glauben Sie mir ruhig: Das Gefühl, wenn das Vermögen und damit die Einnahmen aus dem angelegtem Geld durch die Dividenden steigt und steigt und steigt, ist es allemal wert! Dazu kommt die Belohnung, wenn man den Punkt erreicht hat, von seinen Dividendenzahlungen leben zu können, auch wenn das 10 Jahre dauern kann!

Wer die Abkürzung zum Vermögen und zu finanzieller Freiheit will, dem empfehle ich die Boni, die ich jedem Leser am Ende dieses Buches kostenlos mit auf dem Weg gebe, womit man sich gleich mehrere Einkommensströme quasi nebenbei aufbauen kann, um möglichst viel Geld zum Anlegen zur Verfügung haben!

Ein Blick über den Tellerrand – Was noch möglich ist

Um die ganze Sache noch weiter zu beschleunigen, gibt es noch einen ganz speziellen Weg, nämlich indem man Fremdkapital in Eigenkapital umwandelt.

Dazu gibt es zwei Möglichkeiten, wovon ich persönlich die zweite bevorzuge!

1) Zu Zeiten niedriger Zinsen, einen Kredit aufnehmen, um dieses Geld in Dividendenaktien zu stecken, die pro Jahr eine höhere Dividendenrendite bringen, als die Zinsen des Kredites kosten, was natürlich mit einem erhöhtem Risiko (durch Kursverluste oder Dividendenkürzungen) einher geht.

Oder aber weniger risikoreich, dafür allerdings auch "teurer" die zweite Möglichkeit:

2) Ein hohes Depotvolumen als Sicherheit nutzen, um zu Zeiten niedriger Zinsen, einen hohen Kredit aufzunehmen, um dieses Geld in Immobilien zu stecken. Hier kann man eine relativ hohe Kreditsumme wählen, die dann eventuell auch noch Kosten optimierter ist als kleinere Kredite. Die hinterlegte Sicherheit für die Geldgeber ist hierbei das angelegte Dividendendepot!

So könnte man sich z.B. einen Kredit in Höhe von 40.000 € zu günstigen Konditionen (meine Hausbank, die Comdirect Bank bietet mir dabei aktuell als Wertpapierkredit einen Zins von 2,45 % p.a. an) nehmen, 10.000 € vom eigenen Kapital dazu legen und in ein Apartment von 50.000 € investieren. Das macht in diesem Beispiel von 2,45 % Zinsen p.a. eine Zinslast von ca. 5080 € oder bei einer 10 jährigen Laufzeit eine Tilgung von 375 € monatlich, was man als Miete wieder herein bekommen sollte! Damit hat man nach diesen 10 Jahren der Laufzeit die 40.000 Fremdkapital durch Abzahlung des Kredites durch die Mieteinnahmen in Eigenkapital umgewandelt!

Natürlich setze ich aber auch dafür voraus, dass man kein zu teures Objekt in einem überhitzten Markt wie München, Berlin, Frankfurt, Hamburg, etc. kauft, sondern in ein solides Investment an einem guten B-Standort investiert. Das ist aber eine andere Geschichte, die den Rahmen dieses Buches deutlich sprengen würde!

Bei diesen beiden Möglichkeiten gilt auch, dass die meisten Banken keine Freude mit einem Wertpapierdarlehen haben und diese - wenn überhaupt - nur gegen höhere Zinsen vergeben. Das liegt primär daran, dass es für eine Bank hoch riskant ist, Geld für Wertpapiere zu verleihen, da Aktien unter Umständen sehr volatil sein können und der ausgeliehene Betrag daher nicht ausreichend besichert ist. Aber zurück zu unserer Immobilie: Banken lieben es, bei guter persönlicher Bonität und einem passenden Objekt, Geld für Immobilien zu verleihen. Warum? Das gekaufte Objekt reicht oftmals als Sicherheit für die Bank, da Immobilien gemeinhin als sehr wertstabil gelten.

Wer mehr darüber erfahren möchte, den verweise ich auch hier einmal mehr auf die Boni am Ende dieses Buches, wo Sie als Leser ebenfalls einen Artikel zu diesem Thema in meinem Blog finden!

Passives Einkommen

Wer von Dividendenaktien leben möchte, erhält durch die im vorherigen Kapitel genannte Strategie, besonders durch die grundsoliden Dividendenaristokraten, ein schönes passives Einkommen.

Möchte man nun noch anstatt einmal im Jahr (wie bei den meisten deutschen Aktien), oder quartalsweise sein Einkommen aus Dividendenzahlungen erhalten, kann durch geschickte Investments auch monatlich, wie bei einem richtigen Gehalt, ein Einkommen generieren.

Dazu gibt es zwei Möglichkeiten: Entweder man setzt auf Unternehmen, die es tatsächlich gibt und monatlich Dividenden zahlen oder auf mehrere quartalsweise Dividendenzahler, die an unterschiedlichen Monaten in einem Quartal ihre Dividende ausschütten.

Möglichkeit 1) Monatliche Dividendenzahler

Die gibt es sowohl als High Yield Dividendenaktien, aber auch als verlässliche Dividendenaristokraten. Die meisten monatlichen Dividendenzahler haben dabei ihren Firmensitz in Kanada. Das mag für Sie im ersten Moment vielleicht egal sein, hat aber einen entscheidenden Nachteil.

Bei kanadischen Aktien behält der Staat Kanada 25 % der gezahlten Dividende als Quellensteuer ein. Die Depotbank als Gehilfen des deutschen Fiskus noch einmal 10 %. Zwar kann man auch hier, wie bereits erwähnt durch das Doppelbesteuerungsabkommen zwischen Kanada und Deutschland die kanadische Quellensteuer auf "nur" 15 % senken, sodass man (mit den deutschen 10 %) auf 25 % Abzug kommt, allerdings muss man für jede Rückerstattung, die man sich von der gezahlten Quellensteuer, zurück verlangt, einzeln für jede gezahlte Dividende ein Steuerformular ausfüllen. Heißt, möchte man von einer quartalsweise gezahlten Dividende einen Teil der Quellensteuer vom kanadischen Staat zurück holen, muss man gleich vier Mal das Steuerformular abgeben, bei monatlicher Dividendenzahlung sogar jeden Monat. Es mag zwar auch Depotbanken geben, die in Form einer Vollmacht (Google: DBA Vollmacht) dies für Sie übernehmen, die Banken lassen sich das aber auch gut bezahlen mit Höhen, die die Dividendenzahlung von einem Quartal oder mehr schon mal kosten können.

Wem also der Abzug von 35 % von jeder Dividendenzahlung egal ist, kann sich den hohen bürokratischen Aufwand, den man Betreiben muss, um "nur" 10 % zurückzuholen, sparen. Bzw. wer hoch genug in seine Dividendenaktien investiert ist, kann seiner Depot Bank eine DBA Vollmacht ausstellen, dafür aber Entgelte, die Sie im Preis-Leistungs-Verzeichnis oder auf Anfrage bei Ihrer Bank erfahren, in Kauf nehmen.

Wer also eine monatliche Zahlung haben möchte, die sich auch lohnt, sollte vorwiegend auf High Yield Dividendenaktien setzten, amerikanische Firmen ausfindig machen, die monatlich zahlen oder:

Möglichkeit 2) mit verschiedenen, an unterschiedlichen Monaten zahlenden Unternehmen nutzen.

So kann man für diese Möglichkeit z.B. Geld in Philip Morris (WKN: A0NDBJ), Procter & Gamble (WKN: 852062) und McDonald's (WKN: 856958) gleichzeitig stecken. Nun bekommt man von Philipp Morris regelmäßig im Januar/April/Juli/Oktober Dividende ausgezahlt, von Procter & Gamble im Februrar/Mai/August/November und von McDonald's im März/Juni/September/Dezember, sodass man jeden Monat im Jahr abgedeckt hat. Dieses Spiel kann man mit beliebig vielen Unternehmen weiter spielen, ob als High Yield Dividendenzahler oder mit weiteren Dividendenaristokraten!
Für beide Möglichkeiten möchte im Folgenden eine Liste an passenden Unternehmen nennen, damit Sie sich als Leser Ihre Favoriten heraus suchen können! Wieder finden Sie eine detaillierte Liste in den Boni zu diesem Buch!

Beispiele monatliche Dividendenzahler

WKN	ISIN	Name	Hinweis	Div. Rendite*
899744	US7561091049	Realty Income	Div.Aristo -krat	4,96 %
A1JBK4	CA58457V5036	MEDICAL FACILITIES NEW	Kanada	10,00 %
A2AR58	US00123Q1040	AGNC Investment	REIT	11,38 %
A14VN9	US0423155078	Armour Residential	REIT	9,88 %
A112K2	CA13124N1033	Callidus Capital	Kanada	22,39 %
A0RDSH	US6915431026	Oxford Lane Capital	BDC	15,0 %
A1W9S8	US37950E2919	Global X Super Dividend ETF	ETF	8,40 %
	US38747R3066	GraniteShares HIPS US High Income ETF	ETF	7.54 %

Beispiele Quartalsweise Dividendenzahler: Januar/April/Juli/Oktober

WKN	ISIN	Name	Hinweis	Div. Rendite*
882152	US26817Q5062	Dynex Capital	REIT	11,15 %
A0X806	US46131B1008	Invesco Mortgage Capital	REIT	10,21 %
859121	US8718291078	Sysco	Div.Aris -tokrat	2,10 %
863462	US7496851038	RPM International	Div.Aris -tokrat	2,59 %

Beispiele Quartalsweise Dividendenzahler:
Februar/Mai/August/November

WKN	ISIN	Name	Hinweis	Div. Rendite*
890454	US6819361006	Omega Healthcare Investors	REIT	8,62 %
928485	US81721M1099	Senior Housing Properties	REIT	8,87 %
859669	US9134561094	Universal Corporation	Div.Aris-tokrat	3,31 %
877527	US6676551046	Northwest Natural Gas	Div.Aris-tokrat	3,27 %

Beispiele Quartalsweise Dividendenzahler:
März/Juni/September/Dezember

WKN	ISIN	Name	Hinweis	Div. Rendite*
874420	US92240M1080	Vector Group	Holding	8,0 %
A2JG23	US69181V1070	Oxford Square Capital	BDC	11,16 %
883298	US6802231042	Old Republic International	Div.Aris-tokrat	3,53 %
927171	US92240G1013	Vectren	Div.Aris-tokrat	2,61 %

*Stand Juni 2018

Die richtige Aktienauswahl

Wie man gute Aktien mit Potential von schlechten Aktien & den Geldvernichtungsmaschinen unterscheidet

So kommen Sie an ihre Dividendenperlen

Nachdem ich Ihnen nun in den vorangegangenen Kapiteln eine enorme Auswahl an Aktien aufgezeigt habe, die eventuell für uns relevant sind, gilt es nun, die echten Schmuckstücke daraus zu selektieren!

Wie im 3. Kapitel dieses Buches bereits genannt, sollten die auschlaggebenden Punkte zur Analyse eines Unternehmens, ob es sich zum erfolgreichen Vermögensaufbau eignet, sein:

1) Fundamentaldaten: Kennzahlen wie Gewinnentwicklung je Aktie, Cashflow je Aktie, Dividendenzahlung je Aktie & Dividendenhistorie
2) Die Nachrichtenlage & die Gesamtmarktentwicklung.

Aber auf keinem Fall zu vergessen:

3) Die Chartanalyse

Hierbei habe ich festgestellt, dass die Chartanalyse eines der mächtigsten Werkzeuge ist, nicht nur potentiell geeignete Aktien zu finden, sondern auch den richtigen Einstiegszeitpunkt ausfindig zu machen!

Buy & hold Verfechter werden hier nun den Einwand haben, dass es "bei richtigen Aktien" keinen richtigen Einstiegszeitpunkt gibt, da ihr Investment langfristig ist und sie lieber "den inneren Wert" eines Unternehmens ausfindig machen. Denn wenn sie Unternehmen gefunden haben, deren "innerer Wert" (= vereinfacht gesagt ihr Potential für die Zukunft) höher ist, als der aktuelle Börsenkurs, ist es egal, wann man Aktien eines solchen Unternehmens kauft, da sie langfristig nur eine Richtung kennen – und zwar die nach oben!

Kleine Schwankungen und Ausbrüche nach unten nehmen sie deshalb gerne in Kauf, weil sie nur vorübergehend sind!

Das ist soweit auch richtig und gut und sollte jeder zumindest für die soliden Dividendenaristokraten im Hinterkopf haben! Denn bei diesen wollen wir die buy & hold Strategie nutzen, was bei den meisten High Yield Dividendenaktien nicht so einfach möglich ist, ohne Kursverluste mitzunehmen!

Da wir aber möglichst schnell, mit höheren Renditen (damit verbunden aber auch mit höherem Risiko) Aktien picken und Vermögen aufbauen wollen, nämlich mittels unserer "Joker", den High Yield Dividendenaktien, ist hier die Beobachtung des Charts zum Ausfindig machen eines guten Einstiegs- (und gegebenenfalls guten Ausstiegs-) Zeitpunktes fast schon unumgänglich, um langfristig nicht durch Kursverluste mehr Geld zu verbrennen, als es uns die Dividenden einbringen.

Dazu ein kleiner Einstieg in die Lehre des Trends:

Ein Kurs ist niemals eine gerade Linie nach oben oder nach unten. Er ist zyklisch und bewegt sich in Trends!

Ein Trend definiert sich nun durch Hochs und Tiefs. Dabei gibt es den Aufwärtstrend, bei dem neue Hochs (Spitzen des Kursverlaufs) höher sind, als alte, vergangene Hochs sowie neue Tiefs (nach unten gerichtete Spitzen des Kursverlaufs), die ebenfalls höher sind als die vorhergehenden Tiefs.

Ein Abwärtstrend dagegen definiert sich aus tieferen Tiefs und gleichzeitig tieferen Hochs im Vergleich zu den Vorhergehenden.

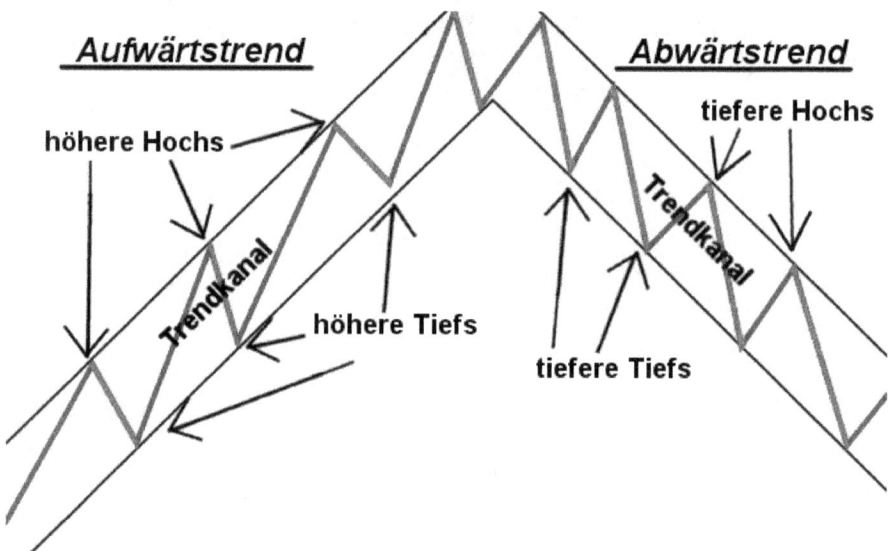

An diesen Hochs und Tiefs, die einen Trend markieren, kann man nun im Chartbild (wie in dem Beispiel im Bild oben) oft zwei parallele Linien ansetzten, die einen Trendkanal bilden. Der Kurs bewegt sich nun oft innerhalb des Trendkanals zwischen der oberen und der unteren Linie hin und her.

Unser Ziel ist es nun, die Tiefs auszunutzen für den perfekten Einstieg!

Doch woher weiß ich, ob sich zukünftig nicht neue, tiefere Tiefs, als das Aktuelle ausbilden, sodass sich der Abwärtstrend fortsetzt/ausbildet?

Fakt ist: Mit Gewissheit kann das niemand sagen! Bei der Charttechnik geht es nur um Wahrscheinlichkeiten. Gepaart mit der Fundamentalanalyse des Unternehmens aus den Kennzahlen Gewinn, Cashflow, Dividende und deren Historien, gestützt von der Nachrichtenlage, sind bestimmte, zukünftige Kursverläufe allerdings als bevorzugt anzusehen. Das sind genau die, auf die wir spekulieren und die wir handeln wollen! (Eine Abkürzung zur richtigen Aktienauswahl gebe ich in meinen Boni, am Ende des Buches mit!)

Und zwar gibt es bestimmte Chartmuster, die ein bestimmtes zukünftiges Szenario des Aktienkurses wahrscheinlicher machen. Dazu zählen ganz simpel: Widerstände (nach oben hin) und Unterstützungen (=Böden) nach unten, die den Kurs "begrenzen". Prallt ein Kurs an einem solchen Widerstand ab, heißt, kann diesen nicht überwinden, drohen nun erst einmal Kursverluste. Bleibt dagegen ein Kurs an einer Unterstützung stehen, kündigen sich im weiteren Verlauf Kursgewinne an!

Solche Widerstände und Unterstützungen bilden sich immer dann, wenn der Kurs bestimmte alte Hochs oder Tiefs erreicht. Nähert sich ein Kurs von unten einem alten Hoch, stellt der Kurs des alten Hochs einen Widerstand dar. Nähert sich ein Kurs von oben einem alten Tief, stellt das einen Widerstand dar.

Lassen Sie mir das an folgendem Beispiel von Icahn Enterprises veranschaulichen!

Icahn Enterprises (WKN: A0M1Z9) befand sich von 2003 bis 2008 in einem intakten Aufwärtstrend, dessen Hoch zwei Mal bei ca. 138 $ nicht überwunden werden konnte. Anschließend hat sich von Anfang 2008 bis Ende 2008 ein Abwärtstrend ausgebildet, der bei ca. 20 $ stoppte. Die Marke von 20 $ wurde dabei zwei Mal getestet (das erste Mal Ende 2008, das zweite Mal Anfang 2009). Dadurch, dass beim zweiten Mal diese Grenze (=Unterstützung/Boden) nicht nachhaltig unterschritten wurde, hat Anfang 2009 ein Kaufsignal ausgebildet. Im Anschluss daran stieg der Kurs bzw. verlief erst einmal bis Ende 2013 seitwärts um ca. 40 $. Ende 2014 wurde dann das alte Hoch von 2008 erneut getestet, konnte dieses aber nicht nachhaltig überwinden, sodass der Kurs an diesem Widerstand scheiterte – ein Verkaufssignal! Ein Abwärtstrend war die logische Konsequenz. Nun hat sich im weiteren Kursverlauf die Marke von ca. 45 $ (untere, dicke horizontale Linie) als weitere Unterstützung heraus gestellt, an die der Kurs mehrmals 2017 von oben kommend abprallte, was für mich ein Kaufsignal darstellte, sodass ich Ende 2017 in Icahn Enterprises eingestiegen bin. Ein idealer Einstiegszeitpunkt, denn seitdem fängt der Kurs an, einen deutlichen Aufwärtstrend auszubilden, der mittelfristig auf Kursgewinne, zumindest bis auf die alten Hochs bei ca. 140 $ hoffen lässt. So nehme ich bis dahin ca. 10 % Dividendenrendite – aufgeteilt in quartalsweise Zahlungen – pro Jahr mit und profitiere zugleich von Kursgewinnen!

Das ist ein Paradebeispiel für erfolgreiches Handeln von High Yield Dividendenaktien! Für den weiteren Verlauf ist nun die obere Marke von ca. 140 $ entscheidend, scheitert der Kurs erneut daran, werde ich mir überlegen, ob es dann zu dem Zeitpunkt bei einer anderen Aktie gerade eine gute Einstiegschance gibt, die mehr Potential bietet, sodass ich dann Icahn Enterprises gegen eine zu dem Zeitpunkt bessere Aktie austauschen würde!

Um eine Glättung des Kursverlaufes und eine bessere Vorhersage des Trends erreichen zu können, nutzt man zusätzlich noch Durchschnitte, meistens den EMA 50 & den EMA 200. EMA steht dabei für "exponetial moving average" (zu Deutsch sinngemäß: exponentiell geglätteter Durchschnitt) und die Zahl für die Tage, die für diesen Durchschnitt herangezogen werden. Für eine mittelfristige Vorhersage nutzt man dazu den Durchschnitt der Kurse der vergangen 50 Tage (EMA 50) und für eine längerfristige Vorhersage die vergangenen 200 Tage (EMA 200). Auch diese Linien im Chart können Widerstände und Unterstützungen für den Kurs darstellen. Prallt der Kurs z.B. an der 50 Tage Linie unterhalb des Kurses ab, ist das erstmal ein gutes Zeichen, dass der Kurs nicht weiter fallen könnte!

Und so entstehen Kaufsignale!

Jedes Mal, wenn ein Kurs die 50 oder 200 Tage Linie überschreitet, ist das ein erstes, kleines Kaufsignal. Wenn dann noch die 50 Tage Linie über die 200 Tage Linie steigt, ist das ein zweites Kaufsignal, das das erste bestätigt. Ein Aufwärtstrend scheint sich auszubilden!

Genauso ist es ein Kaufsignal, wenn der Kurs über einen Widerstand steigt oder oberhalb eines Bodens stoppt.

Gegenteilig kommt es dann zu einen Verkaufssignal, knapp unterhalb dieser Kurswerte man einen Stopp Loss (also einen automatischen Verkauf) setzen sollte, um Verluste zu begrenzen, wenn ein Kurs einen Boden durchbricht und unter den Wert des Bodens fällt.

Auch außerhalb eines Trendkanals entstehen Kauf- bzw. Verkaufssignale. Immer, wenn ein Kurs einen Trendkanal nach unten hin durchbricht, ist das erst einmal ein Verkaufssignal, bei dem die Alarmglocken anfangen sollten, zu leuten. Im Gegenteil dazu entsteht ein Kaufsignal, wenn der Kurs die obere Linie des Trendkanals durchbricht. So kann sich entweder (in einem nach unten gerichteten Abwärtstrend) ein nun beginnender Aufwärtstrend ausbilden oder beim Durchbrechen der oberen Trendlinie des Aufwärtstrends eine Trendbeschleunigung stattfinden (=ein steilerer, aufwärts gerichteter Trend, als der Bisherige).

Da das alles aber nur Wahrscheinlichkeiten sind, kann es auch zu einer Falle kommen. So kann es z.B. passieren, dass der Kurs zwar den Boden um 5 % unterschreitet, was den automatischen Verkauf (=Stopp Loss) auslösen könnte, danach der Kurs aber (durch positive Nachrichten, Gesamtmarktentwicklung, etc.) urplötzlich nach oben dreht und einen Aufwärtstrend beginnt!

Deswegen sollte man, um solche Fallen zu vermeiden, nicht gleich bei dem erst besten Kaufsignal (oder Verkaufssignal) handeln, sondern diese sich erst mit weiteren Signalen bestätigen lassen.

Aber lassen sie mich das noch einmal anhand eines konkreten Beispiels erläutern. Dazu einmal McDonald's (WKN:856958) als Dividendenaristokraten und weiter unten Annaly Capital Management (WKN: 909823) als High Yield Dividendenaktie.

Wie Sie im Chartverlauf von McDonald's (Bild unten) sehen, endete im vierten Quartal 2011 der Aufwärtstrend von McDonalds mit einem Hoch bei ca. 104 $. Dieses Hoch wurde Anfang 2013 und Anfang 2014 erneut getestet – erfolglos! Eine Seitwärtskorrektur war die Folge. Als im vierten Quartal 2012 der Kurs über die 50-Tage-Linie (hellere Linie) trat, war das erst einmal als Kaufsignal zu verbuchen. Das Überschreiten der 50-Tage-Linie über die 200-Tage-Linie hätte als Beginn eines neuen Aufwärtstrends gewertet werden können, nur endete dieser an dem Widerstand bei 104 $. Durch das übersteigen des Kurses und der 50-Tage-Linie über die 200-Tage-Linie hätte man bei McDonald's einsteigen können. Da McDonald's als Dividendenaristokrat für die buy & hold Strategie perfekt geeignet ist, hätte man auch nach dem Scheitern bei 104 $ drin bleiben können und die anschließende Seitwärtsphase mitgenommen. Selbst, nachdem im zweiten Quartal 2014 sowohl der Kurs, als auch die 50-Tage-Linie unter den EMA200 fielen. Diese Entscheidung hätte der Boden, der sich bei ca. 88 $ ausgebildet hat, bestätigt. Dass diese dicke Unterstützungszone zwischen 78 $ und 88 $ immer hielt, hätte für mich nach dem Kaufsignal Mitte 2015 durch das Überschreiten über den Widerstand bei 104 $ spätestens den Einstieg bedeutet!

McDonald's
WKN: 856958

An diesem Beispiel sieht man auch noch einmal den besonderen Vorteil von grundsoliden Unternehmen, mit stabilen Geschäftsmodellen, wozu auch die Dividendenaristokraten zählen. Bei Unternehmen mit risikoreicheren Geschäftsmodellen, hätte man es hier schon mehrmals mit der Angst zu tun gehabt. Ein Überprüfen der Nachrichtenlage hätte wahrscheinlich aber auch in diesem Fall zumindest ein wenig Beruhigung hineinbringen können. Gibt es aus Nachrichtensicht keine Argumente für Kursrückgänge, könnte es sich als heiße Luft heraus stellen. Nachfolgend nun noch als Beispiel Annaly Capital Management (Bilder weiter unten).

Wie man im Langfristchart (erstes Bild unten) sehen kann, sieht man im Gegensatz zu den meisten Dividendenaristokraten äußerst schwankungsanfällige (=volatile) Kurse.

Annaly Capital Management kam 1998 von 12 $ und hat bei ca. 6,81 $ einen Boden gefunden, der im weiteren Verlauf nie unterschritten wurde. Als 2001 sowohl der Kurs als auch die 50-Tage-Linie deutlich über den EMA200 trat hätte man gelassen einsteigen können. Bei 21,50 $ bildete sich dann ein Widerstand aus, der mehrmals vergeblich getestet wurde. Spätestens durch das Fallen unter ca. 15 $ wäre ein deutliches Verkaufssignal ausgebildet worden. Der Kurs fiel bis ca. 11 $, bevor er wieder nach oben drehte.

Um es kurz zu machen und auf einen Ausblick für den weiteren Kursverlauf zu kommen: Bei ca. 10 $ hat sich ein Boden ausgebildet, der bis zu Letzt hielt (siehe das zweite Bild). Um das jetzt für einen Einstieg zu nutzen, um von der üppigen Dividende und möglichen Kursgewinne bis eventuell 12 $ (Widerstandsbereich) profitieren zu können, würde ich jetzt noch warten, bis der Kurs nochmal deutlich nach oben dreht, heißt, über 10,70 $ steigt, wo ein kleiner Widerstand im kurzfristigen 1-Jahres-Chart (unten) ist.

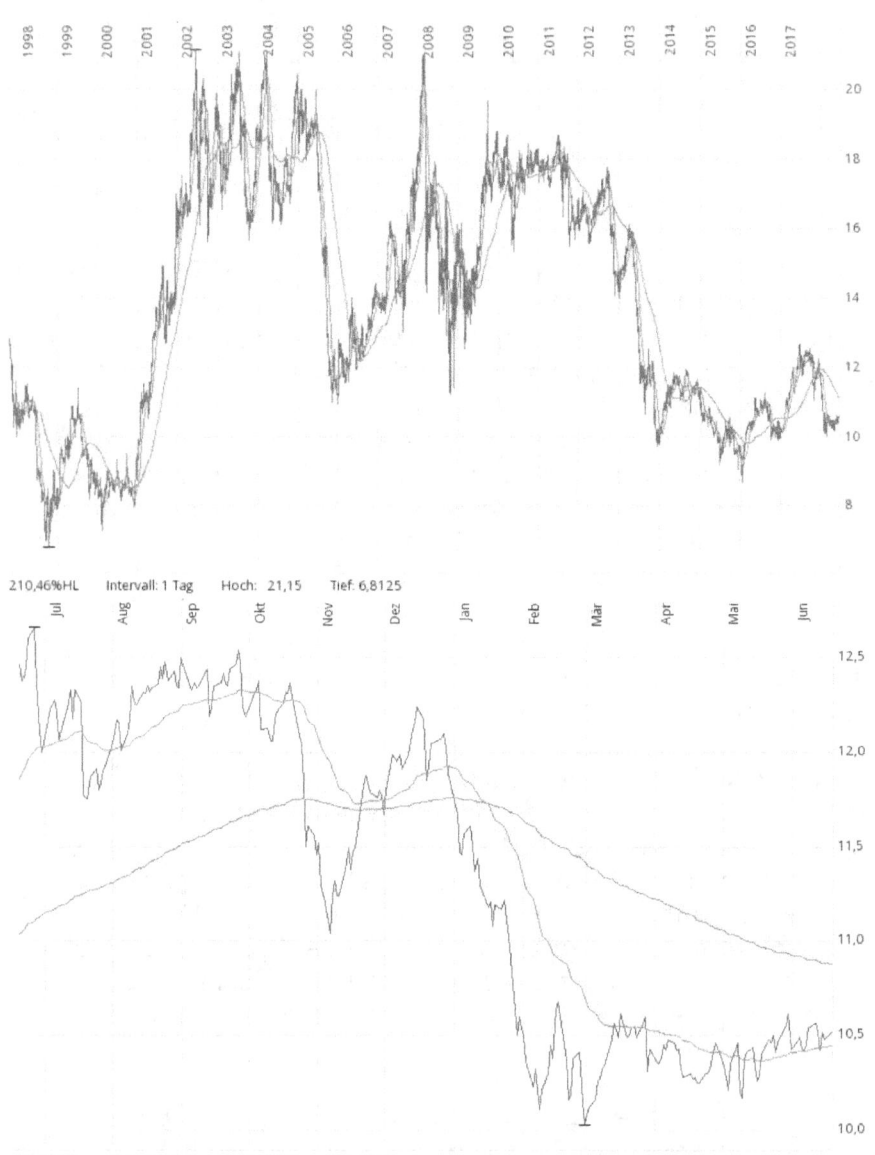

Für solche Chartanalysen möchte ich Ihnen die Seiten
https://tradingdesk.finanzen.net sowie https://go.guidants.com/ ans
Herz legen, wobei ich Letztere favorisiere! Auf beiden Plattformen
können sie nach kostenloser Anmeldung die wichtigsten Werkzeuge
zur Chartanalyse benutzen!

Was Sie zur Chartanalyse noch wissen sollten: Schauen Sie sich
dazu die Kurse der Unternehmen in ihrer Heimatwährung an! Da
McDonald's und Annaly Capital Management, aus den Beispielen
oben, in den USA beheimatet sind und sie dort entsprechend häufig
gehandelt werden, müssen Sie die Kurse in US-Dollar betrachten.
Da die Kurse an deutschen Handelsplätzen Währungseffekten
ausgesetzt sind, macht hier eine Chartanalyse in der
Fremdwährung recht wenig Sinn. Die Kurse in Euro werden
wechselkursbereinigt den Kursen aus den Heimatländern folgen. So
kann es z.B. sein, dass der Kurs in Euro einen Boden nach unten
durchbrochen hat, was ein Verkaufssignal darstellen würde,
während der Kurs in der Heimatwährung zum gleichen Zeitpunkt
deutlich über dem Boden notiert und daran abprallt, was in Folge
dessen Kursgewinne nach sich zieht.

Ist Ihnen die Charttechnik und Aktienanalyse zu viel Aufwand,
empfehle ich Ihnen meinen Blog sowie meine Social Media Seiten,
in denen ich meine Trading Ideen für jeden nachvollziehbar
veröffentliche! Alle Links finden Sie in den Boni am Ende dieses
Buches!

Nach all dem Wissen brauchen Sie jetzt nur noch eins: Die richtige
Depotbank!

Prinzipiell, kann man bei praktisch jeder Bank ein Depot zum
Handeln von Aktien eröffnen, nur hat das bei den meisten großen
Banken hohe Gebühren zum Nachteil. Deswegen empfehle ich
Ihnen für ihr Depot eine Direktbank auszusuchen oder noch besser,
bei www.finanzen.net bzw. www.onvista.de, wo sie bereits ab 5 €
pro Kauf/Verkauf handeln können!

Einen kleinen Vergleich mehrerer Broker (=Depotbanken) finden Sie
in meinem Blog (siehe Boni dieses Buches)!

Zusammenfassung

1. Suchen Sie sich eine passende Bank, bei der Sie Ihr Depot führen wollen!
   → Spartipp: das Depot bei www.finanzen.net bzw. www.onvista.de für 5 € pro Trade!
2 . Klicken Sie sich durch sämtliche Listen an Unternehmen, die ich Ihnen (in den Boni) zu diesem Buch exklusiv mitgebe
3. Lassen Sie sich die Listen nach Dividendenrendite absteigend sortieren
4. Schauen Sie, welche dieser Unternehmen stabile Kurse haben bzw. sich in keinem Abwärtstrend befinden oder bestenfalls diesen durchbrochen haben. Greifen Sie nie in das fallende Messer!
5. Beobachten Sie diese Vorauswahl an Unternehmen, wenden Sie die Chartanalyse (z.B. mit https://go.guidants.com/) an, um Kaufsignale ausfindig zu machen.
6. Überprüfen Sie die fundamentalen Kennzahlen, wie Gewinn je Aktie, Cashflow je Aktie, Dividende je Aktie und deren historische Entwicklungen sowie die Nachrichtenlage zu diesem Unternehmen, um ihr potentielles Kaufvorhaben zu bestätigen. Nutzen Sie dazu Seiten wie www.finanzen.net und www.onvista.de , wo sie ihr Unternehmen nachschlagen sollten. Schauen Sie auf die Gesamtmarktentwicklung (der großen Indizes, DAX, Dow Jones, S&P500, Nasdaq Composite) und deren Auswirkungen auf die Kursverläufe Ihrer beobachteten Unternehmen!
7. Investieren Sie mit mindestens 500 € pro Unternehmen.
8. Bei Dividendenaristokraten und grundsoliden Unternehmen (wie Nestlé) wenden Sie die buy & hold Strategie an.
9. Bei High Yield Dividendenaktien behalten Sie Kurs und Dividendenzahlungen im Auge, um gegebenenfalls zu reagieren.
10. Reinvestieren Sie so viel Gewinne wie möglich!
11. Optional: Schauen Sie über den Tellerrand und nutzen Sie auch Immobilien, um Fremdkapital in Eigenkapital zu verwandeln und für schnellst mögliche finanzielle Freiheit!

Wenn Sie all die Tipps in diesem Buch anwenden, können Sie binnen 10 Jahre finanzielle Freiheit erlangen und von Ihren Dividenden leben!

Ist Ihnen das alles viel zu viel, können Sie es sich auch bequem machen und mir die ganze Arbeit der Aktienanalyse und – Auswahl überlassen, indem Sie meinen Social Media Kanälen wie

Facebook, Instagram und meinem Blog folgen!
Dort veröffentliche ich regelmäßig all meine Trading Ideen, sodass jeder sie einfach kopieren kann!
Für noch mehr Bequemlichkeit empfehle ich mein Wikifolio, in das sie nur einmalig zu investieren brauchen, mir die gesamte Arbeit überlassen und praktisch zusehen können, wie Ihr angelegtes Kapital wächst!

All meine Social Media Kanäle und auch mein Wikifolio finden Sie am Ende dieses Buches in den Boni!

Haben Sie noch Fragen? Scheuen Sie nicht mit mir Kontakt aufzunehmen!

Also, wieviel Geld können Sie nun Monat für Monat in Dividendenaktien stecken?

Bonus

1) Meine geheime Facebook Gruppe exklusiv für alle Leser dieses Buches „Finanzielle Freiheit mit Dividendenaktien":

https://www.facebook.com/groups/794362360753973/

2) Mein Mitgliederbereich mit allen ausführlichen Listen an Unternehmen der in diesem Buch genannten Klassen exklusiv für alle Leser:

https://deinfinanzhelfer.wordpress.com/exklusiver-mitgliederbereich/

https://bit.ly/BuchBoni

3) Mein Newsletter mit Tipps, sich das ein oder andere (zusätzliche) Einkommen ganz nebenbei aufzubauen, um möglichst viel Geld zum Investieren zur Verfügung oder überhaupt erst einmal Startkapital zu haben:

http://bit.ly/deinfinanzhelfer

4) Mein Blog:

https://boersenguru-official.blogspot.com/

5) Meine Facebook Seite:

https://www.facebook.com/Boersenguruofficial/

6) Meine Instagram Seite:

https://www.instagram.com/boersenguru_official/

7) Mein Wikifolio für einfaches Investieren:

https://www.wikifolio.com/de/de/w/wfprozyk24

8) Meine Email Adresse: **boersenguru.official@gmail.com**

Für Ihren finanziellen Erfolg!

Impressum

1. Auflage

ISBN-13: 978-1721721283

ISBN-10: 1721721282